W0238971

ZITRONEN

LANDHAUSKÜCHE

ZITRONEN

LANDHAUSKÜCHE

Von Christopher Idone

Fotos von Kathryn Kleinman

Aus dem Englischen von Susanne Dickerhof-Kranz

Bearbeitet von Marion Morawek

KOMET

Für Jack
und besonders für E. V. und R. J. R. in Liebe

Die Originalausgabe erschien unter dem Titel
Lemons: A Country Garden Cookbook bei Collins Publishers, San Francisco

Published by arrangement with HarperCollins Publishers Inc.
Sonderausgabe für KOMET MA-Service und Verlagsgesellschaft mbH
Gesamtherstellung: KOMET MA-Service und Verlagsgesellschaft mbH
ISBN 3-89836-231-0

INHALT

»Kennst du das Land, wo die Zitronen blühn,
Im dunklen Laub die Gold-Orangen blühn,
Ein sanfter Wind vom blauen Himmel weht,
Die Myrte still und hoch der Lorbeer steht?
Kennst du es wohl? [. . .]«

Johann Wolfgang von Goethe

EIN WORT VORWEG

Zitronen gehören zu den Kulturpflanzen der Alten Welt. Ihre Heimat ist der asiatische Raum. Aber schon die Ägypter gaben ihren Toten neben Datteln und Feigen auch Zitronen mit ins Grab. In einem Land, in dem Bäume nur an wenigen Orten gediehen, wurden die zarten Zitronenbäume in Tempelgärten gezüchtet.

Die Griechen kannten neben dem Olivenbaum, der die Basis ihrer Kultur bildete, auch den Zitronenbaum, dessen Früchte sie zur Reinigung, zur Heilung von Krankheiten und auch schon zur Konservierung heranzogen. Die Römer lernten die Zitrone von den Griechen kennen und brachten sie überall hin, wo sie sich niederließen. So kamen Zitronen nach Norditalien, Frankreich, Spanien und Nordafrika. Hier lernten die Mauren sie kennen und lieben, und sie schmückten Innenhöfe und Eingangsportale ihrer Häuser mit den zierlichen, schönen Bäumen.

Die Spanier brachten Setzlinge von Zitronenbäumen mit in die Neue Welt, und schon Cortez hatte Alleen von Zitronenbäumen in seinen Gärten.

Der Höhepunkt der Zitrusfrucht-Kultur aber war das 18. Jahrhundert. Denn in dieser Zeit baute man an den Höfen der Fürsten Orangerien, Gewächshäuser, in denen Zitronen und Orangen kältegeschützt das ganze Jahr blühen und Früchte tragen konnten. Allein für die Orangerie in Versailles besorgte der Gartenarchitekt Ludwigs des XIV., Le Nôtre, 300 Zitronenbäume aus Italien und diverse Sorten aus der Südsee.

Heute gibt es wieder eine Mode: Kleine Zitronenbäumchen, in Terracottatöpfe gepflanzt, zieren Wintergärten und windgeschützte Balkons in unserem Lande und erfreuen durch ihren zarten Duft und ihre recht unermüdliche Produktion von kleinen Früchten den Gartenfreund.

In der Küche nehmen wir die Zitrone als selbstverständliche Zutat hin, und so gut wie jede Hausfrau hat immer ein paar Früchte auf Vorrat.

Ob zum Kochen, für den Obstsalat, für den Cocktail am Abend oder für die heiße Zitronenlimonade gegen die plötzlich auftretenden Halsschmerzen der Kinder – Zitronen werden immer gebraucht.

WISSENSWERTES ÜBER ZITRONEN

Sorten
Zitronen werden bei uns nicht nach Sorten verkauft. Die meisten, die bei uns angeboten werden, kommen aus Spanien, aber auch Mittelamerika und Kalifornien sind unter den Anbietern. Wichtig: immer Zitronen mit unbehandelter Schale kaufen, da für viele Rezepte in diesem Buch auch die Schale verwendet wird!

Zedratzitrone
Die dickschalige Urform der Zitrone, bei der nur die Schale für die Herstellung von Zitronat verwendet wird.

Limette
Eine grüne, sehr aromatische und saftige Verwandte der Zitrone. Sie gedeiht nur in sehr heißen Ländern.

Einkauf
Zitronen sollten eine glänzende, helle Schale ohne Druckstellen haben. Ein grünlicher Schimmer deutet darauf hin, daß die Zitrone nicht ausgereift ist. Dünnschalige Zitronen enthalten mehr Saft als dickschalige.

Lagerung
Am besten locker in einem Korb an einem kühlen, nicht zu hellen Ort. Notfalls im Gemüsefach des Kühlschranks. Ausgepreßter Saft kann ohne weiteres eingefroren werden.

Saftausbeute
Eine durchschnittliche Zitrone enthält 2 ½ EL Saft. Wenn man die Zitrone vor dem Auspressen kurz in warmes Wasser legt oder sie auf der Arbeitsfläche hin- und herrollt, erhöht sich die Saftausbeute. Es gibt eine Menge Zitronenpressen unterschiedlicher Qualität. Am besten sind die aus Edelstahl. Wer nur etwas Saft braucht, preßt eine Zitronenhälfte mit der Hand aus und filtert den Saft mit den Fingern, damit keine Kerne mitverwendet werden.

Zitronenschale
Für viele Rezepte braucht man die Schale, die reich an ätherischen Ölen ist. Reibt man die Zitrone mit der Reibe ab, bekommt man etwa 1 EL Schale. Für Julienne (feine Streifen) schält man die Früchte spiralig ab, am besten mit dem Sparschäler. Die pelzige weiße Haut unter der gelben Schale sollte man nicht mitverwenden, denn sie ist bitter. Die abgeschälte Schale kann man mit einem Messer in feine Streifen schneiden. In guten Küchengeschäften gibt es auch Julienne-Reißer, mit denen man feine Streifen von der Haut abziehen kann.

Säure
Die Säure der Zitrone verhindert, daß Obst oder empfindliche Gemüse anlaufen. Frisch geschälte Früchte wie Äpfel oder Bananen legt man daher gern in Zitronenwasser. Eine kleine Zugabe von Zitronensaft ans Kochwasser macht Bohnen oder Spargel heller und knackiger. Aber Achtung: Die Säure verlängert auch die Garzeit!

VORSPEISEN

Die leichte und frische Säure von Zitronen ist genau das, was wir in einer Vorspeise schätzen, denn nichts ist so appetitanregend. Alle hier aufgeführten Rezepte nutzen diesen Effekt auf das geschickteste aus, ob das die Tapenade oder die griechische Zitronensuppe aus dem Mittelmeerraum sind oder die herzhafte norwegische Fischsuppe mit ihrem erfrischenden Zitronenaroma.
Besonders die leicht karamelisierten Zitronenscheiben auf der Pizza sind unwiderstehlich . . .

Tapenade

Diese Sardellenpaste gehört zur Provence wie die Ratatouille. Sie ist ein delikater Aufstrich auf Toast, kann aber auch als Füllung für hartgekochte Eier oder kleine gekochte Artischockenherzen verwandt werden. Bereiten Sie ruhig eine große Portion zu, im Kühlschrank hält sie sich mindestens eine Woche.

6 bis 8 Zitronen, ausgehöhlt
2 Tassen schwarze eingelegte Oliven, entsteint
3 Knoblauchzehen, geschält und durchgepreßt
180 g eingelegte Sardellenfilets, abgespült und trockengetupft
200 g Thunfisch aus der Dose, abgetropft
½ Tasse Kapern, abgetropft
⅛ TL weiße Pfefferkörner
⅛ TL schwarze Pfefferkörner
1 TL eingelegte grüne Pfefferkörner, abgespült und abgetropft
¼ TL frisch gehackter Thymian
2 TL abgeriebene Zitronenschale
⅛ l Zitronensaft
1 EL Cognac (nach Belieben)
4 dl kaltgepreßtes Olivenöl
Salz nach Geschmack

Die Zitronen vorbereiten: vom oberen Ende einen etwa zwei Finger breiten Deckel abschneiden. Vom Stielansatz eine Scheibe abschneiden, so daß die Zitronen aufrecht stehen und als »Schale« verwendet werden können. Die Deckel aufheben.
Die Zitronen mit einem Teelöffel vorsichtig aushöhlen, die Schale muß intakt bleiben. Das Fruchtfleisch leicht durch ein Sieb drücken, um den Saft auszupressen. ⅛ l Zitronensaft für die Tapenade aufheben, den Rest einfrieren. Die Zitronenschalen in einer Plastiktüte im Kühlschrank aufbewahren, bis sie verwendet werden.
Alle Zutaten bis auf das Olivenöl mit dem Schneidestab des Handrührers zerkleinern. Gleichzeitig langsam das Öl dazugeben. Mit Salz abschmecken. Nicht zu fein pürieren, die Tapenade sollte eine körnige Konsistenz haben. In ein Gefäß geben und zugedeckt in den Kühlschrank stellen.
Zum Anrichten die gekühlte Tapenade in die vorbereiteten Zitronen geben, den Deckel aufsetzen. Mit Toastecken oder Crackern servieren oder als Würze zu einem grünen Salat.

Ergibt etwa 5 Tassen

Variante:
Für 1 Dutzend gefüllter hartgekochter Eier: Eigelb aus den Eihälften nehmen und mit etwa ¼ Tasse der Tapenade verrühren. Die Eihälften mit dieser Mischung füllen.

Sopa de Limone

Eine erfrischende Suppe von der mexikanischen Halbinsel Yucatán, die vom Stil her eher karibisch als mexikanisch ist.

3 l Hühnerbrühe, frisch oder Instant
1 Stengel Minze
8 Pimentkörner
15 schwarze Pfefferkörner
1 Zimtstange
5 Gewürznelken
6 Kreuzkümmelkörner
2 kleine Knoblauchknollen, längs halbiert
2 kleine Zwiebeln, geschält und halbiert
2 Hühnerbrüstchen mit Haut und Knochen
1 EL frisch gehacktes Koriandergrün
1 frische Chilischote
3 Zitronen, in Achtel geschnitten
2 große, reife Tomaten, gehäutet, entkernt und in Würfel geschnitten
Salz nach Geschmack
1 Zitrone, in hauchdünne Scheiben geschnitten
1 frische scharfe Chilischote, fein gehackt
2 bis 3 Avocados, geschält und gewürfelt und mit Zitronensaft eingerieben

In einem großen Edelstahlsuppentopf die Brühe mit der Minze, Piment, Pfefferkörnern, Zimtstange, Nelken, Kreuzkümmel, Knoblauch und Zwiebeln zum Kochen bringen. Hitze reduzieren und 20 Minuten köcheln lassen.
Die Hühnerbrüste, Koriander, ganze Chilischoten und Zitronenachtel dazugeben und weiterköcheln, bis das Hühnerfleisch gar ist, etwa 15 Minuten. Hühnerfleisch herausnehmen und abkühlen lassen. Die Suppe abschäumen und durch ein feines Sieb in einen sauberen Topf gießen. Die Suppe wieder auf die Flamme setzen und bei schwacher Hitze weiterköcheln. Wenn das Huhn erkaltet ist, Haut abziehen, Knochen entfernen, Fleisch in Stücke zupfen.
Das zerkleinerte Hühnerfleisch und die gewürfelten Tomaten an die Suppe geben und aufkochen. Mit Salz abschmecken. Die Suppe in eine vorgewärmte Terrine geben und mit den Zitronenscheiben garnieren. Gehackte Chilischote und Avocado getrennt reichen.

Für 10 Personen

Kalte Zitronensuppe mit Minze

Eine erfrischende Version der klassischen griechischen Avgolemono.

1 l Hühnerbrühe, frisch oder Instant
3 Eigelb
abgeriebene Schale und Saft von 1 Zitrone
Salz und Cayennepfeffer nach Geschmack
1 Tasse Crème double
2 EL frisch gehackte Minze

Die Brühe in einem Edelstahltopf zum Kochen bringen, Hitze reduzieren und die Brühe 5 Minuten köcheln lassen.
Die Eigelbe in einer großen Schüssel schaumig schlagen. Zitronenschale, Zitronensaft, Salz und Cayennepfeffer dazugeben. Die Cème double hineinrühren. 2 Suppenkellen voll heißer Brühe eßlöffelweise und unter ständigem Schlagen zufügen.
Jetzt umgekehrt verfahren: Die Eier-Zitronen-Sauce langsam und unter kräftigem Rühren mit einem Holzkochlöffel in die Brühe geben. Ein paar Minuten bei geringer Hitze weiterrühren, bis die Mischung cremig ist und den Kochlöffel überzieht.
Die Suppe in eine große Terrine gießen und über Eis erkalten lassen. Von Zeit zu Zeit umrühren, damit sich keine Haut bildet. Mindestens 2 Stunden im Kühlschrank kalt stellen. Auf eisgekühlte Suppenteller geben und jede Portion mit gehackter Minze garnieren.

Für 6 Personen

Norwegische Lachssuppe

Lachsrezepte gibt es in Skandinavien im Überfluß, genau wie den Lachs selbst. So kann man sich erlauben, das weniger ergiebige Schwanzstück für eine Wintersuppe zu verwenden.

1 1/4 l leichter Fischfond (Rezept gegenüberstehend) oder eine Mischung aus halb Fischfond, halb Hühnerbrühe
2 Selleriestangen, gewürfelt
1 Sellerieherz, mit Grün, gewürfelt
2 kleine Stangen Porree, gewaschen und in feine Ringe geschnitten, auch vom grünen Teil des Stengels
1 große Knoblauchzehe, in dünne Scheiben geschnitten
1 kleine Fenchelknolle, in dünne Scheiben geschnitten
2 Lorbeerblätter
1 Stengel Thymian
1 TL Kümmelkörner
85 g Tomatenmark oder 2 große, reife Tomaten, gehäutet, entkernt, abgetropft und gehackt
1 TL Zitronensaft
Cayennepfeffer nach Geschmack
500 g Lachsfilet, gehäutet und in 1 × 5 cm dicke Streifen geschnitten
2 EL kleine Kapern, abgespült und abgetropft
1/8 l saure Sahne
Abgeriebene Schale von 1 Zitrone
2 EL frisch gehackter Dill

In einem Edelstahltopf die Brühe mit dem Sellerie, Porree, Knoblauch, Fenchel, Lorbeerblättern, Thymian und Kümmelkörnern zum Kochen bringen. Die Hitze reduzieren, Tomatenmark (oder gehackte Tomaten), Zitronensaft und Cayennepfeffer zufügen. 15 bis 20 Minuten köcheln lassen, bis die Gemüse weich sind. Lachsstücke und Kapern dazugeben und weitere 5 Minuten köcheln lassen. Auf angewärmte Suppenteller geben, einen Klecks saure Sahne in die Mitte geben, mit Dill und Zitronenschale garnieren.

Für 4 Personen

Leichter Fischfond

Ein Fischfond unterstreicht das Aroma eines jeden Fischgerichtes.
Restlichen Fischfond können Sie unbesorgt einfrieren.

Etwa 2 kg Fischreste (Gräten, Köpfe und Flossen, möglichst von Edelfischen wie Seezunge und Steinbutt. Immer Weißfische, niemals Fettfische wie Aal und Makrele verwenden.)
2 mittelgroße Zwiebeln, gehackt
3 Selleriestangen, gehackt
3 Möhren, gehackt
1 TL getrockneter Thymian
1 Lorbeerblatt
12 schwarze Pfefferkörner
6 Stengel Petersilie
½ l Weißwein

Fischreste unter fließend kaltem Wasser waschen. Die Kiemen müssen entfernt werden.
In einem großen Edelstahltopf die Fischreste mit den übrigen Zutaten und genügend kaltem Wasser, so daß alles bedeckt ist, aufsetzen. Zum Kochen bringen und die Hitze sofort wieder herunterschalten. Abschäumen und bei schwacher Hitze ohne Deckel 20 bis 30 Minuten ziehen lassen. Ein Sieb oder einen Durchseiher mit einer doppelten Lage feuchtem Mull auslegen und den Fond durchseihen. Gut abtropfen lassen, Fischreste nicht ausdrücken. Erkalten lassen und in den Kühlschrank stellen. In der Tiefkühltruhe hält er sich mehrere Monate.

Ergibt etwa 3 Liter

Zitronenpizza mit Crème fraîche und Kaviar

Pizza kennt jeder und mag fast jeder. Diese hochelegante Version eignet sich hervorragend als Appetizer oder als kleine Mahlzeit.

Pizzateig:
4 EL warmes Wasser
2 TL frische Trockenhefe
35 g Mehl
4 EL warmes Wasser
3 EL Olivenöl
½ TL Salz
250 g Mehl

Belag:
2 bis 3 Zitronen
Frisch gemahlener schwarzer Pfeffer nach Geschmack
Kaltgepreßtes Olivenöl
1 Becher Crème fraîche
180 g Lachskaviar

Pizzateig zubereiten: In einer großen Schüssel 4 EL warmes Wasser mit der Hefe und 35 g Mehl mischen. Zugedeckt 30 Minuten gehen lassen.
Das restliche Wasser, 2 EL Olivenöl, Salz und restliches Mehl dazugeben und gut mit einem Holzkochlöffel vermengen.
Den Teig auf eine leicht bemehlte Unterlage legen und etwa 15 Minuten kneten, bis er elastisch ist und sich zu einer Kugel formen läßt. Den Teig in eine mit 1 EL Olivenöl eingefettete Schüssel legen, die Oberfläche des Teigs ebenfalls mit Öl bestreichen. Mit einem sauberen Küchentuch zudecken und an einem warmen Ort 1 ½ Stunden gehen lassen, bis er die doppelte Größe hat. Den Teig zusammendrücken und weitere 40 Minuten gehen lassen. Den Backofen auf 250 Grad C vorheizen. Auf einer gut bemehlten Arbeitsfläche den Teig etwa 6 mm dick zu einer Platte von etwa 30 cm Durchmesser ausrollen.

Belag zubereiten: Die Zitronen in hauchdünne Scheiben schneiden, die Kerne entfernen. Zwei Fingerbreit vom Rand entfernt die Pizza mit den Zitronenscheiben belegen. Sie dürfen nicht überlappen. Mit Pfeffer bestreuen und sparsam Olivenöl darüberträufeln.
Pizza auf das mit wenig Öl bestrichene Backblech legen und auf der mittleren Schiene etwa 12 bis 15 Minuten backen. Nach 7 Minuten, bzw. wenn der Teigrand sich bräunt und die Zitronenscheiben knusprig werden, die Pizza mit Alufolie bedecken, damit die Zitronen nicht verkohlen. Weiterbacken, bis die Pizza knusprig braun und der Teigboden gar ist.
Aus dem Backofen nehmen und auf eine runde Platte legen. 5 Minuten abkühlen lassen. Mit einem Küchenspatel die Crème fraîche auf der Oberfläche verstreichen und den Kaviar darüberstreuen. In Portionsstücke aufschneiden und sofort servieren.

Für 4 Personen

BEILAGEN

Beim alltäglichen Umgang mit Zitronen können wir viel von den Engländern lernen. Sie beherrschen die Kunst, mit wenigen Tropfen Zitronensaft oder einer Spur Zitronenschale ein eher langweiliges Gericht aufzufrischen und zu verfeinern.
Aber die interessantesten Beilagen kommen – wie sollte es anders sein – aus dem Mittelmeerraum. Die griechische Küche ist ohne Zitronen nicht vorstellbar, und die Fülle der italienischen Antipasti steht und fällt mit der feinen Zitronenwürze. Aus der marokkanischen Küche kommt die interessanteste Beilage: im ganzen eingelegte, raffiniert gewürzte Zitronen.

Gurkensandwich mit Zitronenbutter

Eine hübsche Abwechslung zu den üblichen Gurkensandwiches, die man in England gern zum Tee reicht.

Etwa 6 EL ungesalzene weiche Butter
Abgeriebene Schale von 1 Zitrone
1 EL Zitronensaft
12 dünne Scheiben Weiß- oder Vollkornbrot
1 kleine Salatgurke, geschält und in dünne Scheiben geschnitten
Zucker
Frisch gemahlener schwarzer Pfeffer nach Geschmack

In einer kleinen Schüssel die Butter mit der abgeriebenen Zitronenschale und dem Zitronensaft verrühren.
Jede Brotscheibe dünn mit der Butter bestreichen. Die Hälfte der Scheiben mit einer dünnen Lage Gurkenscheiben belegen.
Leicht mit Zucker und Pfeffer bestreuen. Die anderen gebutterten Brotscheiben darauflegen. Die Kanten abschneiden und jedes Sandwich in 4 Dreiecke schneiden.

Ergibt 24 Teesandwiches

Zitronensandwiches

Schmecken köstlich zu frischen Schalentieren oder Räucherlachs. Dazu paßt ein gut gekühlter trockener Weißwein.

6 dünne Scheiben Weizenbrot
Etwa 4 EL weiche Butter
1 Zitrone, in dünne Scheiben geschnitten, Kerne entfernt
Salz und frisch gemahlener schwarzer Pfeffer

Brotscheiben großzügig mit der Butter bestreichen. Die Hälfte der Scheiben mit Zitronenscheiben belegen, mit Salz und Pfeffer würzen. Die anderen Brotscheiben darauflegen und in Viertel schneiden.

Ergibt 24 Sandwiches

Jakobsmuscheln mit Zitrone und Orange

Diese feinen Häppchen sind schnell gemacht.
Wichtig ist aber die absolute Frische der Jakobsmuscheln!

2 Zitronen
2 Navel-Orangen
4 EL kaltgepreßtes Olivenöl
500 g Jakobsmuschelfleisch
Salz und frisch gemahlener schwarzer Pfeffer nach Geschmack
1 Prise gemahlene Gewürznelke
2 kleine Bund Brunnenkresse, geputzt, gewaschen und trockengeschleudert

Von der Zitrone zwei Streifen Schale abziehen, fein hacken und beiseite stellen. Die Endstücke von den Zitronen und den Orangen abschneiden. Mit einem scharfen Küchenmesser die Schale mit dem weißen Mark rundum abschälen. Die einzelnen Fruchtsegmente über einer Schüssel häuten und den Saft auffangen. Die Fruchtsegmente und den Saft aufheben.
In einem großen Topf das Öl bei geringer Hitze erwärmen. Das Muschelfleisch leicht mit Salz und Pfeffer und einer Prise gemahlener Nelke würzen. Wenn das Öl heiß ist, die Muscheln dazugeben und 3 bis 4 Minuten ansautieren, bzw. bis das Fleisch eben erstarrt. Auf einer Platte warm stellen.
1/8 l Zitronensaft und einen Spritzer Olivenöl in den Topf geben und zum Köcheln bringen. Die Brunnenkresse und die Orangen- und Zitronensegmente auf 4 angewärmten Tellern anrichten. Die Muscheln auf die Brunnenkresse geben und mit dem warmen Dressing beträufeln. Zusätzlich mit Pfeffer und der beiseite gestellten Zitronenschale bestreuen.

Für 4 bis 5 Personen

Tintenfischsalat

Schnelles Garen ist das Geheimnis für zarten Tintenfisch. Reichen Sie knuspriges Baguette und gekühlten trockenen Weißwein dazu.

1,5 kg kleine Tintenfische, gesäubert
12 EL kaltgepreßtes Olivenöl
Grobkörniges Meersalz nach Geschmack
Saft von 1 Zitrone
½ Tasse frisch gehackte glatte Petersilie
¼ TL Peperoncino
Frisch gemahlener schwarzer Pfeffer nach Geschmack

Tintenfische gründlich waschen und abtrocknen. Den Körpersack in 2 cm dicke Ringe schneiden, die Tentakeln in mundgerechte Stücke. Kleine Tentakeln ganz lassen. Mit Küchenkrepp trockentupfen.
In einem großen Topf 4 EL Öl bei mittlerer Hitze erwärmen. Tintenfischstücke dazugeben und im Öl sautieren. 5 bis 8 Minuten garen, bzw. bis sie weich sind. Bei zu langem Garen wird das Fleisch zäh. Mit Salz würzen und in einem großen Sieb abtropfen lassen. Zur Seite stellen und abkühlen lassen.
Den Tintenfisch in einer großen Schüssel mit dem restlichen Olivenöl, Zitronensaft und der Petersilie mischen. Mit Peperoncino und Pfeffer abschmecken.

Für 4 Personen

Im Uhrzeigersinn von unten:
Tintenfischsalat; Tabouleh (Rezept siehe Seite 39);
Scharfer Jicama-Salat und Möhren (Rezept siehe Seite 36);
Salat aus jungen Artischocken (Rezept siehe Seite 36);
Marinierte Zucchini (Rezept siehe Seite 38)

Salat aus jungen Artischocken

Diesen Salat können Sie nur dann zubereiten, wenn Sie die ganz kleinen, jungen Artischocken aus Italien bekommen.

Saft von 2 Zitronen
36 ganz junge Artischocken
2 EL glatte Petersilie, gehackt
Salz und frisch gemahlener Pfeffer nach Geschmack
1/8 l kaltgepreßtes Olivenöl
100 g Parmesan

Etwa 1/3 der Schüssel mit kaltem Wasser und dem Saft einer Zitrone füllen. Die kleinen Artischocken mit einem scharfen Messer rundherum schälen, den Stiel und die harten Spitzen der Innenblätter abschneiden. Artischocken dann sofort in das Zitronenwasser legen.
Artischocken nacheinander aus dem Wasser nehmen und in sehr dünne Scheiben schneiden. Sofort wieder ins Wasser legen. Wenn alle Artischocken geschnitten sind, abgießen und trockentupfen.
Mit dem restlichen Zitronensaft, dem Olivenöl, Petersilie, Pfeffer und Salz mischen. Parmesan mit einem Sparschäler hauchdünn hobeln und darüberstreuen.

Für 6 Personen

Scharfer Jicama-Salat

Jicama heißt die große, weiße, fleischige Wurzel einer mexikanischen Rebe, die man roh oder gekocht essen kann. Bei uns kann man sie durch Melone ersetzen.

1 Bund kleine Möhren, gewaschen und geschält
1/8 l oder mehr frischer Zitronensaft
3 Jicama-Wurzeln, geschält (ersatzweise 1 Melone)
1 getrocknete Chilischote

Die Möhren in Julienne schneiden, etwa 7,5 cm lang. In eine Schüssel geben, mit der Hälfte des Zitronensafts mischen und in den Kühlschrank stellen.
Die Jicama-Wurzeln ebenfalls in 7,5 cm lange Streifen schneiden und in eine Schüssel geben. Mit dem restlichen Zitronensaft bedecken, vermengen und in den Kühlschrank stellen.
Wenn die Chilischote nicht ganz knackig und trocken ist, schnell bei mittlerer Hitze in der Bratpfanne rösten, aber nicht anbrennen lassen. Abkühlen lassen und mit einem Mörser zu Pulver mahlen .
Die Möhren und die Jicama-Wurzeln auf einer Servierplatte anrichten, mit etwas Zitronensaft beträufeln und mit dem Chilipulver bestäuben.

Für 6 Personen

Marinierte Zucchini

Frisch und leicht zubereitet: Das ist das Markenzeichen eines guten italienischen Gerichtes. Was eignet sich besser als Zitrone und Minze?

1 kg kleine Zucchini
1/8 l plus 2 EL kaltgepreßtes Olivenöl
2 EL Zitronensaft
Salz und frisch gemahlener Pfeffer nach Geschmack
2 EL frisch gehackte Minze

Zucchini waschen und säubern und in 3 mm dicke Scheiben schneiden. In einem großen Topf 4 EL von dem Olivenöl bei mittlerer Hitze erwärmen. Die Hälfte der Zucchini dazugeben und unter mehrfachem Wenden von beiden Seiten goldbraun braten.
Mit dem Schaumlöffel herausnehmen und auf Küchenkrepp abtropfen lassen. Mit den restlichen Zucchini ebenso verfahren, gegebenenfalls etwas Öl zugeben. Zucchinischeiben auf einer Platte anrichten, mit den restlichen 2 EL Öl und Zitronensaft beträufeln. Mit Salz und Pfeffer würzen, mit der Minze garnieren. Lauwarm servieren.

Für 6 Personen

Tabouleh

Tabouleh wird aus Bulghur (Hartweizen) gemacht, der gedämpft und aufgebrochen wurde. Es ist ein libanesisches Gericht, das im gesamten Nahen Osten zum Picknick serviert wird. Die frische Minze ist unerläßlich. Reichlich davon nehmen – und niemals getrocknete. Tabouleh paßt gut zu gegrilltem Fleisch.

½ Tasse Bulghur
4 Tassen fein gehackte glatte Petersilie
1 große rote Zwiebel, fein gehackt
3 große Tomaten, gehäutet, entkernt und gewürfelt
½ Tasse fein gehackte frische Minze
1 EL abgeriebene Zitronenschale
Saft von 2 Zitronen
½ Tasse Olivenöl
Salz nach Geschmack

Den Hartweizen in eine Schüssel geben und mit so viel kochendheißem Wasser übergießen, daß er knapp bedeckt ist. Umrühren und etwa 30 Minuten stehen lassen.
In einer großen Schüssel Zwiebel, Tomaten, Minze und Petersilie mischen. Beiseite stellen. Den Hartweizen durch ein Sieb abgießen, das letzte Wasser mit der Hand auspressen. Auf ein trockenes Küchenhandtuch geben und trokkenpressen. Mit einer Gabel die Körner auflockern. An die Kräutermischung geben und vermengen. Zitronenschale und Zitronensaft hineinrühren. Olivenöl über die Mischung träufeln und gut vermengen. Mit Salz würzen und wieder gut umrühren. Zugedeckt im Kühlschrank erkalten lassen. Auf einer Unterlage aus Salatblättern und mit schwarzen Oliven garniert servieren. *Für 6 Personen*

Zitronen-Walnußöl-Dressing

Dieses Dressing ist ein köstlicher Begleiter für Salate, die Endivien, Radicchio und andere bittere Blattgemüse enthalten.

2 EL Zitronensaft
Salz und frisch gemahlener Pfeffer nach Geschmack
4 EL Walnußöl
2 EL Pflanzenöl

In einer kleinen Schüssel Zitronensaft mit Salz und Pfeffer mischen. Langsam die Öle darunterschlagen und gut mischen.

Ergibt etwa 1/2 Tasse

Sahnige Zitronensauce

Diese samtweiche Sauce paßt gut zu zarten grünen Salaten wie Feldsalat, Lollo Bianco und Kopfsalat.

Saft von 1 Zitrone
1/2 TL abgeriebene Zitronenschale
1/4 TL Paprikapulver
Salz und frisch gemahlener weißer Pfeffer
1 Prise extrafeiner Zucker
6 EL Olivenöl
3 EL Crème double

In einer kleinen Schüssel den Zitronensaft mit der Zitronenschale, Paprika, Salz, Pfeffer und Zucker mischen. Zunächst das Olivenöl hineinschlagen, dann die Cème double. Abschmekken und gegebenenfalls nachwürzen. In einem fest verschließbaren Gefäß im Kühlschrank aufbewahren. Gekühlt hält sich die Sauce bis zu einer Woche.

Ergibt etwa 180 ml

Zitronen-Walnußöl-Dressing links, Sahnige Zitronensauce rechts

Zitronenpfeffer für Austern und Muscheln

Wer Austern und Muscheln liebt und sie roh ißt, will den puren Meergeschmack und keine deftigen Saucen. Dieses kleine Rezept gibt gerade den richtigen Touch.

1 El abgeriebene Zitronenschale
1 EL schwarzer Pfeffer, gestoßen
1 EL fein geschnittener Schnittlauch

Zutaten in einer kleinen Schüssel mischen. Die Schalentiere leicht damit bestreuen.

Ergibt etwa 3 EL

Zitronenbutter

Die kleine schnelle Lösung für einfach zubereiteten Fisch oder Gemüse.

8 EL Butter
1 EL Zitronensaft
1/2 TL abgeriebene Zitronenschale
Salz und frisch gemahlener schwarzer Pfeffer

In einem Edelstahltopf die Butter mit dem Zitronensaft und der Zitronenschale bei mittlerer Hitze zergehen lassen. Wenn die Butter geschmolzen ist und anfängt zu brutzeln, mit Salz und Pfeffer würzen. Von der Flamme nehmen. Ideal zu Fisch, Spargel oder Artischockenherzen.

Ergibt etwa 80 ml

Zitronenmarinade

Ideal zum Marinieren von Lamm- und Schweinefleisch, Geflügel und Fisch.

1 EL frisch gehackter Rosmarin
1 TL frisch gehackter Thymian
1 EL getrocknete, fein gehackte Chilischote (nach Belieben)
3 Lorbeerblätter, gestoßen
4 Knoblauchzehen, durchgepreßt
5 Streifen Orangenschale
5 Streifen Zitronenschale, gewürfelt
2 EL Zitronensaft
1/4 l kaltgepreßtes Olivenöl

In einer kleinen Schüssel die Kräuter und Gewürze mit dem Zitronensaft mischen. Nach und nach das Öl zugießen.

Ergibt etwa 350 ml

Marokkanische Zitronen in Salzlake

Eingelegte Zitronen sind eine klassische Beilage in der marokkanischen Küche. Die Zitronen sollten mindestens 3 Wochen in der Salzlake ruhen.

6 bis 8 Zitronen
Feinkörniges Meersalz
Paprikapulver
1 TL schwarze Pfefferkörner, gestoßen
Olivenöl
3 Knoblauchzehen, gehäutet und leicht gestoßen
3 Lorbeerblätter
1 Zimtstange
Pflanzenöl

Die Zitronen der Länge nach in vier Teile schneiden. Die sichtbaren Kerne entfernen, Zitronenstücke großzügig mit Salz bedecken. Auf einem Kuchenrost abtropfen lassen. 24 Stunden beiseite stellen – die Zitronen werden zart und mürbe sein.
Die Zitronenstücke mit einem sauberen Küchentuch trockentupfen und in ein sterilisiertes Glas schichten. Jede Schicht mit ein wenig Paprika und gestoßenem Pfeffer bestreuen und mit Olivenöl beträufeln. Bei jeder dritten Lage 1 Knoblauchzehe und 1 Lorbeerblatt dazugeben, die Zimtstange in die Mitte legen. Die Zitronen mit einer Mischung aus halb Oliven- und halb Pflanzenöl bedecken. Glas verschließen und in den Kühlschrank stellen.
Nach etwa 3 Wochen sind die eingelegten Zitronen zart, mürbe und eßbar. Sie halten sich bis zu 6 Wochen in der Marinade. Paßt gut zu Lammragouts, gegrilltem Fisch oder Currygerichten.

Ergibt etwa 1 Liter

Kräuteroliven

Diese würzigen Oliven passen hervorragend zum Aperitif, zu einem Glas Wein oder zu einem Picknick im Grünen.

4 Tassen nicht entsteinte, eingelegte grüne Oliven oder eine Mischung aus grünen und schwarzen Oliven, abgetropft
etwa 1 Tasse kaltgepreßtes Olivenöl
2 EL frisch gehackter Rosmarin
1 EL frisch gehackter Thymian
2 ganze rote Chilischoten, in dünne Streifen geschnitten
4 große Knoblauchzehen, geschält und durchgepreßt
6 weiße Pfefferkörner, gestoßen
6 schwarze Pfefferkörner, gestoßen
Schale von 1 Zitrone, dünn abgeschält und in feine Streifen geschnitten
1 TL Senfkörner, gestoßen

Die Oliven mit dem Rücken eines Hackmessers oder mit einem Holzhammer leicht aufbrechen, damit sie die Gewürze besser aufnehmen. In einem kleinen Schmortopf ½ Tasse Olivenöl auf mittlerer Flamme erhitzen. Alle Zutaten bis auf die Oliven dazugeben und etwa 3 Minuten erwärmen, bzw. bis die Kräuter und Gewürze ihr Aroma freigeben.
Die Oliven in ein 1-Liter-Glas oder ein Steingutgefäß geben. Das restliche Olivenöl zugießen oder so viel, daß die Oliven bedeckt sind. Erkalten lassen, Glas verschließen und in den Kühlschrank stellen. Die Oliven halten sich mehrere Monate.

Ergibt etwa 1 Liter

HAUPTGERICHTE

Viele Hauptgerichte, vor allem Hähnchen und Kalb, brauchen einige Tropfen Zitronensaft zur Vollendung. Probieren Sie einmal ein ganz gewöhnliches Kalbskotelett oder ein Brathähnchen, dem Sie unmittelbar vor dem Servieren einige Tropfen Zitronensaft zufügen – Sie werden staunen.
Alles, was in der Teighülle oder in der Bröselkruste gart, vom Wiener Schnitzel bis zum Backhähnchen, wird erst mit dem Tröpfchen Zitronensaft perfekt.
Zitronen haben jedoch mehr zu bieten als nur gefällige Begleitung. Mitgeschmort, ausgebacken oder überbacken geben sie Hauptgerichten aller Art und jeder Herkunft eine völlig neue Note.

Marokkanischer Lammtopf (Tajine) mit Backpflaumen und eingelegten Zitronen

Ragouts in Marokko warten immer mit einer Vielzahl an köstlichen Gewürzen auf.

Tajine:

1,5 kg Lammfleisch (Brust oder Schulter), gesäubert und gewürfelt
4 EL Olivenöl
Salz und frisch gemahlener schwarzer Pfeffer
3 mittelgroße Zwiebeln, gewürfelt
½ TL Kurkuma
1 TL gemahlener Ingwer
½ TL gemahlener Zimt
¼ TL Cayennepfeffer
⅛ TL Safranfäden, gestoßen
1 l Hühnerbrühe, frisch oder Instant; oder halb Lammfond und halb Hühnerbrühe
2 Lorbeerblätter
3 Stengel Petersilie
3 mittelgroße Kartoffeln, geschält und in 1 bis 2 cm dicke Scheiben geschnitten
6 kleine Möhren, geschält und in 5 cm dicke Stücke geschnitten
3 kleine weiße Rübchen, geputzt, halbiert und in Drittel geschnitten
18 Dörrpflaumen, in warmem Wasser eingeweicht
12 Stück marokkanische eingelegte Zitronen (Rezept siehe Seite 45)

Harissa-Sauce:

1 TL Harissa oder mehr, je nach Geschmack (ersatzweise scharfe Chilipaste wie Sambal oelek)
⅛ l Brühe von dem Lammtopf
1 EL kaltgepreßtes Olivenöl
1 EL Zitronensaft
1 EL frisch gehackter Koriander

Couscous:

1 ½ Tassen kaltes Wasser
½ TL Salz
1 ½ Tassen Instant-Couscous

Das Lammfleisch mit Küchenkrepp trockentupfen und beiseite stellen. In einer großen Kasserolle das Öl bei mittlerer Hitze erhitzen. Lamm salzen und pfeffern. Wenn das Öl heiß ist, aber nicht raucht, das Lammfleisch hineingeben und von allen Seiten braun anbraten. Das Fleisch aus dem Topf nehmen und zur Seite stellen.

Die Zwiebeln hineingeben und 2 bis 3 Minuten dünsten, bis sie Saft abgeben. Die gemahlenen Gewürze und den Safran dazugeben und weitere 3 Minuten garen, bis die Zwiebeln weich werden und die Gewürze ihr Aroma abgeben. Gelegentlich umrühren. Mit der Brühe auffüllen und zum Kochen bringen. Das Lammfleisch, Lorbeerblätter und Petersilie dazugeben, Hitze reduzieren und köcheln lassen. Leicht zugedeckt unter gelegentlichem Rühren 40 Minuten köcheln.

Abschmecken. (Bis zu diesem Punkt kann das Ragout auch schon am Vortag zubereitet werden.) Kartoffeln, Möhren und Rübchen dazugeben, zugedeckt 20 Minuten leise kochen, bis die Gemüse beinahe weich sind. Mehr Brühe oder Wasser auffüllen, wenn nicht genug Flüssigkeit da ist.

Die Harissa-Sauce zubereiten: In einem kleinen Topf Harissa mit der heißen Tajine-Brühe bei starker Hitze verschlagen und 1 Minute aufkochen. Die übrigen Zutaten hineinrühren und von der Kochstelle nehmen. In eine vorgewärmte Sauciere gießen.

Das Couscous zubereiten: Wasser und Salz in einem mittelgroßen Topf zum Kochen brin-

gen. Couscous hineinrühren, von der Kochstelle nehmen und zugedeckt stehen lassen, bis alle Flüssigkeit absorbiert ist, etwa 10 Minuten. Vor dem Servieren die Körner mit einer Gabel auflockern.
Während das Couscous kocht, Dörrpflaumen abtropfen lassen und mit den eingelegten Zitronenstücken an das Ragout geben. Weitere 10 Minuten ziehen lassen. Das Couscous auf eine Servierplatte oder in Portionen auf vorgewärmte Teller geben, das Ragout darübergeben. Harissa-Sauce getrennt reichen.

Für 6 Personen

Hühnerbrüstchen mit Zitrone

Hier gehört die Zitrone zwar nicht zum Rezept, aber der Spritzer frischen Zitronensafts macht das Gericht erst vollständig.

2 ganze Hähnchenbrustfilets, Haut und Knochen und überschüssiges Fett entfernt
80 g Semmelbrösel
1 TL gehackter, frischer Rosmarin
1 TL gehackter, frischer Thymian
1 EL gehackte Petersilie
Salz und gemahlener schwarzer Pfeffer nach Geschmack
2 Eier
4 EL Olivenöl
2 Zitronen, halbiert

Hähnchenbrüste halbieren, jede Hälfte zwischen zwei Stück Pergamentpapier legen. Mit dem Nudelholz leicht ausrollen, bis die Scheiben etwa 4 mm dick sind.
Die Semmelbrösel mit den Kräutern mischen, Salz und Pfeffer dazugeben und auf einem großen Teller verteilen. Zur Seite stellen. In einer kleinen Schüssel die Eier leicht verschlagen.
In einer großen Pfanne die Hälfte des Öls bei mittlerer Hitze erwärmen. Das Hähnchenfleisch erst im Ei, dann in der Panierung wälzen. Die Hitze höherschalten und zwei Brüstchen nebeneinander in die Pfanne legen, sie dürfen nicht überlappen. Etwa 2 Minuten auf jeder Seite goldbraun braten, dabei die Pfanne immer wieder rütteln, damit nichts anhängt. Aus der Pfanne nehmen und zum Abtropfen auf Küchenkrepp legen. Gegebenenfalls mehr Öl in die Pfanne geben und die anderen Brüstchen braten. Auf vorgewärmten Tellern anrichten und mit je einer halben Zitrone garniert servieren.

Für 2 bis 4 Personen

Zitronenbeignets

Diese Beignets eignen sich als Nachtisch oder als köstliche Beilage zu Wild, Fisch oder Currygerichten.

3 große Zitronen
1/8 TL Backpulver

Ausbackteig:
2 Eier, getrennt
150 g Mehl
1/4 TL Salz
1/2 TL Backpulver
1 EL ungesalzene Butter, zerlassen
1/8 l Milch
Pflanzenöl zum Fritieren
Salz nach Geschmack

Zitronen und Backpulver in leicht gesalzenem Wasser zum Kochen bringen. Wenn das Wasser kocht, die Zitronen herausnehmen und kalt abschrecken. Die Endstücke abschneiden, Zitronen der Länge nach halbieren, dann vierteln. Die Kerne entfernen, zur Seite stellen.
Den Teig zubereiten: In einer großen Rührschüssel die Eigelbe schlagen, Mehl, Salz und Backpulver hineinsieben. Butter und Milch dazugeben. In einer anderen Schüssel das Eiweiß mit einer Prise Salz steif schlagen. Unter den Teig heben.
In einer Friteuse oder tiefen Pfanne das Öl auf 190 Grad C erhitzen. Die Zitronenstücke der Reihe nach in den Ausbackteig tauchen und goldbraun backen. Mit dem Schaumlöffel herausnehmen und auf Küchenkrepp abtropfen lassen. Leicht salzen.

Ergibt etwa 24 Beignets

Gebratenes Hähnchen mit Zitronenfüllung

Die Füllung aus Zitrone und Kräutern verleiht dem Hähnchenfleisch ein besonderes Aroma und hält es saftig.

1 große Poularde, bratfertig (Hals und Flügelspitzen aufheben)
Grobkörniges Meersalz und frisch gemahlener schwarzer Pfeffer nach Geschmack
1 große Zitrone
2 große Stengel Thymian
1 ½ EL Olivenöl
1 ganze Knoblauchknolle, ungeschält, der Breite nach halbiert
¼ l Hühnerbrühe, frisch oder Instant
1 EL Zitronensaft

Den Backofen auf 225 Grad C vorheizen.
Das Fett aus dem Inneren des Hähnchens entfernen, innen salzen und pfeffern. Die Zitrone rundum mit einer Gabel einstechen, Zitrone und Thymian in die Poularde legen, die Beine fest zusammenbinden. Die Haut mit Öl bestreichen, mit Salz und Pfeffer einreiben. Auf die Seite in eine Backform legen. Hals, Flügel und Knoblauch drum herum arrangieren.
Auf der 2. Einschubleiste von unten im Backofen 20 Minuten braten. Das Hähnchen begießen, einmal wenden und weitere 20 Minuten braten. Wieder begießen, anschließend das Hähnchen auf den Rücken drehen und mit der Brust nach oben wieder 20 Minuten braten (Garzeit insgesamt 1 Stunde).
Die Hitze auf 190 Grad C herunterschalten. Hähnchen wieder begießen. Etwa 15 Minuten weiterbraten, bis klarer Saft aus dem Schenkel tritt, wenn man ihn ansticht (Garprobe).
Hähnchen und Knoblauchhälften auf eine vorgewärmte Servierplatte legen und in dem abgeschalteten Ofen warm halten, während die Sauce bereitet wird.
Das Fett abschöpfen und den Bratfond bei mittlerer Hitze zum Kochen bringen. Hühnerbrühe und Zitronensaft dazugeben. Hitze reduzieren und etwa 5 Minuten köcheln lassen, bis die Sauce eingekocht ist.
Das Hähnchen tranchieren und mit den Knoblauchhälften auf der Servierplatte anordnen. Die Sauce durch ein feines Sieb passieren und in einer vorgewärmten Sauciere servieren.

Für 4 bis 6 Personen

Kalbskotelett mit Gremolata

Gremolata, die würzige Mischung aus Zitronenschale, Knoblauch und Petersilie, gibt nicht nur Ossobuco, sondern auch jedem anderen Kalbfleischgericht die richtige Würze.

Gremolata:
1 EL fein gehackte Zitronenschale
2 kleine Knoblauchzehen, sehr fein gewürfelt
2 EL fein gehackte frische glatte Petersilie

Fleisch:
4 EL Olivenöl
4 Kalbskoteletts, etwa 2 cm dick, mit Knochen
Salz und frisch gemahlener schwarzer Pfeffer nach Geschmack
1/8 l Hühnerbrühe, frisch oder Instant
1 TL Zitronensaft
3 EL eiskalte Butter

Zutaten für die Gremolata in einer kleinen Schüssel mischen und zur Seite stellen.
In einer großen Pfanne das Öl bei starker Hitze erwärmen. Koteletts salzen und pfeffern und in die Pfanne legen. Bei starker Hitze etwa 5 Minuten auf jeder Seite goldbraun braten, innen müssen sie noch rosa sein. Im vorgewärmten Ofen warm stellen.
Das Öl abgießen und die Pfanne wieder auf die Kochstelle setzen. Hühnerbrühe und Zitronensaft dazugießen. Aufkochen und den Bratensatz unter Rühren lösen. Wenn die Brühe einkocht, die Butter in kleinen Stückchen unterrühren. Koteletts auf eine vorgewärmte Servierplatte legen. Die Sauce durch ein Sieb auf das Fleisch passieren. Jede Portion mit etwas Gremolata bestreuen und sofort servieren.

Für 4 Personen

Sandwich mit gegrillter Hühnerbrust und Rouille

Dieses Sandwich ersetzt im Sommer mühelos eine komplette Mahlzeit. Rouille, die scharfe provenzalische Knoblauchsauce, gibt ihm die nötige Raffinesse.

1 1/2 Tassen Zitronen-Marinade (Rezept siehe Seite 43)
6 große Hähnchenbrustfilets, ohne Haut und Knochen

Rouille:
1/2 gelbe Paprikaschote, Rippen und Kerne entfernt, geröstet, Haut abgezogen
1 getrocknete Chilischote, fein zerkleinert, oder Cayennepfeffer
3 große Knoblauchzehen, geschält
2 Eigelb
1 Tasse Olivenöl
Salz und frisch gemahlener Pfeffer nach Geschmack
Abgeriebene Schale von 1/2 Zitrone
Saft von 1/2 Zitrone

Sandwich:
6 Brötchen oder 2 Baguettestangen, in drei Teile geschnitten
1 kleiner Kopf Friseesalat, gewaschen und trockengeschüttelt
18 rote Kirschtomaten, gewaschen und Stiele entfernt
18 gelbe Kirschtomaten, gewaschen und Stiele entfernt
12 junge Artischocken, geputzt, gekocht und halbiert
2 EL Olivenöl
1 TL Zitronensaft
Salz und frisch gemahlener schwarzer Pfeffer
1 EL fein gehackte frische glatte Petersilie

Marinade zubereiten. Hähnchenbrustfilets zwischen zwei Pergamentpapierstücke legen und leicht flach klopfen. Dann in die Marinade legen und mindestens 2 Stunden im Kühlschrank durchziehen lassen.

Unterdessen die Rouille zubereiten: Die Paprikaschoten über einer offenen Gasflamme oder auf einem Holzkohlengrill rösten. Wenn sie abgekühlt sind, die verkohlte Haut abziehen. Die Paprikaschoten, Chilischoten oder Cayenne und Knoblauch mit dem Pürierstab pürieren. Eigelb dazugeben und wieder schlagen. Langsam das Öl dazugießen und weiterrühren, bis die Rouille geschmeidig wie Mayonnaise wird. Salz, Pfeffer, Zitronenschale und Zitronensaft dazugeben und weiterschlagen, bis alles gut vermischt ist. Wenn die Rouille zu dick ist, 1 EL kochendheißes Wasser dazugeben und schlagen. Rouille bis zum Gebrauch in einem verschlossenen Gefäß im Kühlschrank aufbewahren.

Den Holzkohlengrill vorbereiten oder den Backofengrill vorheizen. Hähnchenfleisch aus dem Kühlschrank nehmen und trockentupfen. Marinade abgießen. Wenn der Grill heiß ist, den Rost mit Öl bestreichen. Fleisch über mittlerem bis heißem Feuer grillen, bis es goldbraun und fast ein wenig angebrannt ist, etwa 5 Minuten pro Seite. Beiseite stellen und warm halten. Die Brötchen aufschneiden und mit der Schnittfläche nach unten rösten. Mit etwas Rouille bestreichen. Untere Hälfte des Brötchens mit etwas Frisee und einem Hähnchenbrustfilet belegen. Die andere Brötchenhälfte darüberklappen.

In einer kleinen Schüssel die Kirschtomaten und Artischocken mit dem Öl und Zitronensaft mischen, mit Salz, Pfeffer und Petersilie würzen und vermischen. Die Gemüsemischung mit dem Sandwich servieren.

Für 6 Personen

Pappardelle mit Zitrone und grünem Spargel

Je dünner der grüne Spargel ist, desto besser für dieses Rezept. Und für Sie, denn dünner grüner Spargel muß nicht geschält werden!

500 g dünner grüner Spargel
2 EL Butter
1 Becher Crème double
500 g hausgemachte oder getrocknete Pappardelle (breite italienische Bandnudeln)
Salz
2 EL kaltgepreßtes Olivenöl
Saft von 1 Zitrone
frisch gemahlener schwarzer Pfeffer nach Geschmack
dünn abgeschälte Schale von 1 Zitrone, in feine Streifen geschnitten
geriebener Parmesan

Spargel in 3 bis 4 schräge Stücke schneiden, die holzigen Enden wegwerfen. In leicht gesalzenem Wasser etwa 2 Minuten bißfest kochen. Unter fließendem kaltem Wasser abschrecken und abtropfen lassen.
In einem Topf bei mittlerer Hitze die Butter und Sahne zerlassen. Bei niedriger Hitze leise köcheln lassen. Pappardelle in dem Salzwasser »al dente« kochen und abgießen. Gut abtropfen lassen. Während die Pasta kocht, in einem großen Topf das Öl erhitzen und den Spargel dazugeben. Die heiße Sahnemischung und den Zitronensaft dazugeben. Mit Pfeffer würzen.
Die abgetropfte Pasta zu der Sauce geben und gut vermischen. Auf 4 bis 5 vorgewärmte Suppenteller verteilen und mit Zitronenschalen-Juliennes bestreuen.
Geriebenen Parmesan dazu reichen.

Für 4 bis 5 Personen

Spaghetti mit Muscheln, Zitrone und Petersilie

Nudeln mit Olivenöl gehören zur Basis der italienischen Küche. Wenn man, wie in diesem Rezept, das Öl mit Wasser verdünnt, wird es deutlich kalorienärmer.

Etwa 4 Dutzend Herz- oder Venusmuscheln
1 Stengel Thymian
1 Lorbeerblatt
½ Zwiebel, dünn geschnitten
1 Streifen Zitronenschale, etwa 5 cm breit
4 EL trockener Weißwein
500 g Spaghetti

Sauce:
¼ l Olivenöl
4 Knoblauchzehen, durchgepreßt
Schale von 1 Zitrone, fein gehackt
1 Tasse frisch gehackte Petersilie
Salz und frisch gemahlener schwarzer Pfeffer nach Geschmack

Muscheln waschen und bürsten, auf den Dampfeinsatz legen und 10 Minuten in den Tiefkühler stellen. (Dann öffnen sie sich schneller.)
In einem großen Topf Salzwasser für die Spaghetti zum Kochen bringen.
Thymian, Lorbeerblatt, Zwiebel, Zitronenschale und Weißwein in den Dampftopf geben. Zum Kochen bringen, Dampfeinsatz mit den Muscheln hineinstellen. Zugedeckt kochen, bis die Muscheln sich öffnen. Die Muscheln in eine große Schüssel geben – nicht alle Schalen öffnen sich auf einmal. Zugedeckt beiseite stellen. Die Garflüssigkeit vorsichtig durchseihen, ¼ l aufheben. Muscheln, die sich nicht geöffnet haben, wegwerfen. Die restlichen Muscheln mit der restlichen Flüssigkeit übergießen.
Die Spaghetti nach Kochanweisung auf der Packung kochen.

Unterdessen das Öl und ¼ Tasse Wasser in eine tiefe Pfanne geben und zugedeckt bei mittlerer Hitze erwärmen. Wenn das Öl warm wird, Knoblauch und Zitronenschale dazugeben und 5 Minuten köcheln lassen. Vorsichtig die Garflüssigkeit von den Muscheln dazugießen und etwa 3 Minuten köcheln. Petersilie dazugeben und die Flamme ausschalten.
Spaghetti in einen Durchschlag abgießen, nicht zu gründlich abtropfen. Spaghetti in den Topf zurückgeben und auf kleine Flamme setzen. Muschelsauce dazugießen, mit Salz und Pfeffer würzen und gut vermengen.
Spaghetti auf 4 vorgewärmte Teller geben, Muscheln drum herum arrangieren.

Für 4 Personen

Kabeljau-Gemüseauflauf

Um die Zwiebel-, Zucchini- und Zitronenscheiben hauchfein zu schneiden, verwenden Sie am besten einen Gemüsehobel.

3 mittelgroße Zwiebeln, geschält und in hauchdünne Scheiben geschnitten
6 EL kaltgepreßtes Olivenöl
1 EL gehackter frischer Thymian
Grobkörniges Meersalz und frisch gemahlener schwarzer Pfeffer
1,5 kg Kabeljaufilet, ersatzweise Heilbutt oder Rotbarsch
2 bis 3 mittelgroße Tomaten, blanchiert, gehäutet und in dünne Scheiben geschnitten
3 kleine Zucchini, in hauchdünne Scheiben geschnitten
1/4 l leichter Fischfond (Rezept siehe Seite 23), ersatzweise Hühnerbrühe
1/4 l trockener Weißwein
2 Zitronen, in hauchdünne Scheiben geschnitten
1 1/2 EL Butter
35 g frische Semmelbrösel
2 EL gehackte frische glatte Petersilie

Den Backofen auf 175 Grad C vorheizen. Den Boden einer Backform mit einer Lage Zwiebelscheiben bedecken. Mit der Hälfte des Öls beträufeln und mit Thymian, Salz und Pfeffer würzen. Den Fisch auf den Zwiebeln arrangieren, mit einer Lage Tomaten und Zucchini bedecken. Die Backform mit der Brühe und dem Wein bis zur Hälfte aufgießen. Das restliche Öl darüberträufeln, mit Thymian bestreuen und mit einer Lage Zitronenscheiben abschließen. Die Butter bei mittlerer Hitze zerlassen und die Semmelbrösel darin goldbraun rösten. Mit der Petersilie mischen und mit Salz und Pfeffer würzen. Die Zitronenscheiben mit der Semmelbröselmischung bestreuen. Etwa 30 Minuten im Backofen backen, bis das Fleisch fest wird und auf Fingerdruck nachgibt (Garprobe).
Für 8 Personen

Geschmorter Lachs mit Zitronen-Koriander-Pesto

Ein raffiniertes, leichtes Gericht, das sich spielerisch an asiatischen Vorbildern orientiert.

Pesto:
3 Tassen frisches Koriandergrün
1/2 Tasse frische Minze
1 Tasse geröstete Mandeln
1/2 Tasse geriebener Pecorino
Schale und Saft von 4 Zitronen
3/4 Tasse Olivenöl
Salz und frisch gemahlener schwarzer Pfeffer

Lachs:
1 EL Currypulver
1 TL Chilipulver
2 TL grobkörniges Meersalz
1/2 EL Mehl
16 EL Butter, zerlassen
4 Lachsfiletstücke à 180 g, Haut und Gräten entfernt

Pesto zubereiten: Alle Zutaten bis auf das Olivenöl, Salz und Pfeffer in der Küchenmaschine fein zerkleinern. Olivenöl tropfenweise dazugeben und mit Salz und Pfeffer würzen. Zur Seite stellen.
Backofen auf 175 Grad C vorheizen. Eine gußeiserne Pfanne 8 Minuten bei mittlerer bis großer Hitze erwärmen. Curry, Chilipulver, Salz und Mehl in einer flachen Schüssel mischen. Die zerlassene Butter in eine andere flache Schüssel gießen, Lachsstücke durch die Butter ziehen, dann in der Mehlmischung wälzen. In die heiße Pfanne legen und 2 bis 3 Minuten auf jeder Seite scharf anbraten. Aus der Pfanne nehmen und 5 Minuten im Backofen backen. Lachsstücke sollten möglichst »medium« serviert werden. Filets auf vorgewärmte Teller geben und mit dem Pesto beträufeln.
Für 4 Personen

DESSERTS

So, wie die mittlerweile zur Genüge bekannten Chocoholics ihre Schokoladenspeisen lieben, so lieben die Zitronenfans ihre leichten Desserts, die voller Frische und Säure sind und auch nach einem schweren Essen immer noch gut schmecken und nicht belasten.

Für Desserts aller Art gilt: Eine Spur Zitrone schadet fast nie. Frischer Zitronensaft zu Obst oder Obstsalat, eine Spur Zitronenschale am Kuchenteig oder am Zuckerguß: ein Genuß!

Und dann gibt es natürlich all die wunderbaren sommerfrischen Desserts, in denen die Zitrone die Hauptrolle spielen darf…

Links: Lemon Curd (Rezept siehe Seite 66)

Lemon Curd

Gewöhnlich wird diese Zitronencreme mit Butter bereitet. Wir ziehen die leichtere Version ohne Butter vor. Schmeckt gut zu weichem Teegebäck oder Muffins, auf Toast oder mit frischem Beerenobst. Lemon Curd eignet sich auch als Füllung für einen Tortenboden, Biskuitrollen oder Schichttorten. Die Creme ist meist nicht sehr lange haltbar und sollte deshalb innerhalb weniger Wochen verbraucht werden.

4 Eigelbe, zimmerwarm
100 g Zucker
Abgeriebene Schale von 1 Zitrone
1/8 l frischer Zitronensaft

Eigelbe und Zucker in einem Topf im Wasserbad verrühren, bis die Mischung dick und cremig ist und eine helle Farbe aufweist. Den Saft und die abgeriebene Zitronenschale dazugeben. Unter ständigem Rühren etwa 10 Minuten erhitzen, bis die Masse sehr dick wird. Die Mischung darf nicht kochen, weil sonst das Eigelb gerinnt.

Die Creme aus dem Wasserbad nehmen und durch ein feines Sieb in ein Glas oder ein Keramikgefäß streichen. Mit Plastikfolie verschließen und im Kühlschrank erkalten lassen.

Ergibt etwa 1 Tasse

Zitronenmarmelade

Die allerbesten Zitronen wachsen in Kalifornien, so sagen Kenner. Sie heißen Meyer-Lemons und zeichnen sich durch besondere Süße und einen zarten Duft aus. Bei uns gibt es diese Zitronen gewöhnlich nicht. Wir müssen uns also mit den bei uns erhältlichen Früchten behelfen.

500 g Zitronen
500 g Würfelzucker
2 EL guter schottischer Malt Whisky

Zitronen waschen und bürsten. In einen großen Topf geben und mit kaltem Wasser bedecken. Aufkochen, Hitze reduzieren und 30 Minuten köcheln lassen, bzw. bis sie sich leicht mit der Messerspitze einstechen lassen. Abgießen und erkalten lassen.

Die Zitronen quer in dünne Scheiben schneiden. Zitronenscheiben und Zuckerwürfel bei kleiner Flamme in einem Edelstahltopf aufsetzen. Ständig rühren, bis der Zucker sich aufgelöst hat. Unter mehrmaligem Umrühren zum Kochen bringen, damit die Zitronenscheiben nicht am Boden kleben bleiben. Kochen, bis der Sirup 95 Grad C erreicht hat und die Zitronen durchsichtig sind. Gegebenenfalls abschäumen, Whisky dazugießen und etwa 5 Minuten weiterkochen, bzw. bis die Masse den Löffel überzieht.

Die Marmelade in sterilisierte Gläser füllen und nach Anweisung verschließen. 15 Minuten in kochendem Wasser sterilisieren und abkühlen lassen. Verschlüsse überprüfen und die Gläser in den Kühlschrank stellen. Die Marmelade kann bis zu 1 Monat aufgehoben werden.

Ergibt etwa 3 Gläser

Lemon Scones

Rosinenbrötchen mit Zitronenaroma, wie man sie in England liebt, passen gut zum Tee. Man serviert sie warm mit Zitronenbutter, Lemon Curd oder eiskalter Crème fraîche.

280 g Mehl
2 EL Zucker
2 EL Backpulver
Dünn abgeschälte Schale von 2 Zitronen, fein gehackt
3/4 Tasse Korinthen
2 EL Butter
2 Eier, leicht verschlagen
1/8 l Crème double
1 Ei, mit 1 EL kaltem Wasser verschlagen (zum Bestreichen)

Den Backofen auf 200 Grad C vorheizen. Mehl, Zucker und Backpulver in eine große Rührschüssel sieben. Zitronenschale dazugeben. Butter zerhacken und mit der Hand oder mit dem Knethaken in das Mehl arbeiten. Eier und Crème double verrühren und unter die Mehlmischung rühren. Korinthen unterheben. Nicht zu viel kneten.

Den Teig halbieren. Auf einer leicht bemehlten Unterlage die eine Teighälfte 1 bis 2 cm dick ausrollen. Mit dem Teigroller Küchlein ausschneiden. Mit dem restlichen Teig ebenso verfahren. Teigreste immer wieder zusammenkneten und ausstechen, bis der Teig aufgebraucht ist.

Die Küchlein mit 5 cm Abstand auf zwei Backblechen auslegen und 15 Minuten im Kühlschrank kühlen. Mit dem geschlagenen Ei bestreichen und 15 bis 20 Minuten goldbraun backen.

Ergibt etwa 24 Küchlein

Zitronenschnitten

Vorsicht, man kann süchtig davon werden!

Kruste:
600 g Mehl
50 g Puderzucker
1/4 TL Salz
375 g eiskalte Butter, zerhackt

Füllung:
6 große Eier
600 g Zucker
1 EL abgeriebene Zitronenschale
1/8 l Zitronensaft
90 g Mehl
1 TL Backpulver
Puderzucker zum Bestäuben

Den Backofen auf 190 C Grad vorheizen. Mehl, Zucker und Salz in eine große Schüssel sieben. Mit dem Knethaken oder zwei Messern die Butter in die Mischung arbeiten, bis sie krümelig ist. Den Teig in eine Backform von 42 × 25 cm Größe drücken. 15 Minuten backen, bis die Kruste leicht gebräunt ist.
In einer großen Schüssel die Eier schaumig schlagen und den Zucker hineinrühren. Zitronenschale dazugeben und langsam den Zitronensaft unterheben. Mehl und Backpulver in die Eimischung sieben und glattrühren. Anschließend auf der Kruste verstreichen und 25 Minuten backen. Auf dem Backblech abkühlen lassen. Mit einem scharfen Messer in portionsgerechte Vierecke schneiden und mit Puderzucker bestäuben.

Ergibt etwa 48 Stückchen

Zitronenkuchen

Dieser Kuchen ist ganz besonders saftig und erfrischend. Sollte er von Kindern gegessen werden, tränkt man ihn selbstverständlich nur mit Zitronensaft und läßt den Rum weg!

3 bis 4 Zitronen
200 g Mehl
200 g Speisestärke
1 TL Backpulver
400 g weiche Butter
400 g Puderzucker
5 Eier
2 EL weißer Rum

Zitronenschale abreiben, Saft auspressen, 1/8 l abmessen. Mehl, Speisestärke und Backpulver in eine Schüssel sieben. Butter und Puderzucker mit den Quirlen des Handrührers cremig rühren, dann nach und nach die Eier unterrühren. 1/8 des Zitronensaftes und die abgeriebene Zitronenschale zugeben, dann mit der Mehlmischung verrühren. Den Teig in eine runde Gugelhupfform streichen und im vorgeheizten Backofen bei 225 C Grad 45 Minuten backen. Restlichen Zitronensaft mit Rum verrühren. Kuchen stürzen und noch warm mit einem Holzstäbchen mehrmals einstechen und mit der Zitronensaft-Rum-Mischung tränken.

Ergibt etwa 26 Stücke

Zitronentorte mit Baiserhaube

Die Krönung auf jeder Kaffeetafel!

Teigboden:
140 g Mehl
1 EL Kristallzucker
1/8 TL Salz
1/2 TL abgeriebene Zitronenschale
8 EL eiskalte Butter, zerhackt
Etwa 1 1/2 EL kaltes Wasser

Baiserhaube:
3 Eiweiß (von der Zitronencreme übrig)
1/2 TL Zitronensaft
1/2 TL Vanilleessenz
150 g plus 1 TL Zucker

Füllung:
Abgeriebene Schale von 2 Zitronen
1/3 Tasse Zitronensaft (etwa 2 Zitronen), durchgesiebt
3 Eier, getrennt (Eiweiß für die Baiserhaube aufheben)
1 Ei
75 g Zucker
2 EL Schlagsahne
1/3 TL Speisestärke
5 EL eiskalte Butter (etwa 1/3 Tasse), zerhackt

Mehl, Zucker, Salz und die abgeriebene Zitronenschale in die Rührschüssel einer Küchenmaschine sieben. Auf niedrigster Rührstufe mischen und die Butter hineinrühren, so daß eine krümelige Mischung entsteht. Wasser dazugeben und rühren, bis der Teig geschmeidig ist und zusammenhält. In Plastikfolie eingeschlagen 30 Minuten ruhen lassen.
Den Backofen auf 175 Grad C vorheizen. Den Teig auf einer leicht bemehlten Arbeitsfläche zu einer großen runden Platte etwa 3 mm dick ausrollen und eine runde Backform damit auslegen. Den Teig etwa 1 cm überstehen lassen und auf dem Rand der Form dekorativ andrükken oder mit der Gabel einkerben. Mit Plastikfolie abgedeckt 15 Minuten in den Kühlschrank stellen.
20 Minuten goldbraun backen. Aus dem Backofen nehmen und abkühlen lassen. Bis zu diesem Punkt kann der Teigboden auch vorgebakken und dann eingefroren werden.

Zitronencreme zubereiten: Zitronensaft und abgeriebene Schale in einer Edelstahlschüssel mischen. Beiseite stellen.
In einem Edelstahltopf die Eigelbe mit dem Ei und Zucker schlagen, bis die Mischung cremig ist und eine frische gelbe Färbung aufweist. Die Sahne mit der Stärke in einer kleinen Schüssel mischen und zu der Eimischung geben. Die Zitronenmischung darunterrühren und den Topf auf mittelgroße Hitze stellen. Unter ständigem Schlagen die Butter Stück für Stück dazugeben, bis die Mischung den Schneebesen überzieht. Die Creme in eine Schüssel gießen und kalt schlagen. Mit Plastikfolie abdecken und im Kühlschrank fest werden lassen. (Die Creme hält sich 2 Wochen lang.)

Baiserhaube zubereiten: Mit dem Handrührgerät das Eiweiß steif schlagen. Zitronensaft und Vanilleessenz dazugeben und allmählich die Rührgeschwindigkeit beschleunigen. 3/4 Tasse

Zucker behutsam in den Eischnee rieseln lassen und schlagen, bis das Eiweiß feste, glänzende Spitzen bildet. Teigboden mit der Füllung bedecken, anschließend die Baisermasse mit einem großen Löffel auf die Füllung häufen und mit einer Palette verstreichen. Die Oberfläche mit kurzen Drehbewegungen modellieren, die Baiserhaube sollte luftig – wie dicke Wolken – aussehen.

Mit dem restlichen TL Zucker bestreuen und 15 Minuten backen, bis die Spitzen der Baiserhaube appetitlich braun sind. Abkühlen lassen.

Für 8 Personen

Geeistes Zitronensoufflé mit Heidelbeersauce

Statt der Heidelbeersauce kann man je nach Jahreszeit auch eine Sauerkirschsauce oder eine Aprikosensauce zu dem Zitronensoufflé reichen.

Soufflé:
1 ½ TL Gelatinepulver
⅛ l Zitronensaft plus ½ TL
3 Eier, getrennt
130 g Zucker
Abgeriebene Schale von 1 Zitrone
1 Becher Schlagsahne

Heidelbeersauce:
250 g Heidelbeeren
100 g Zucker
2 Zitronenscheiben

Soufflé zubereiten: Die Gelatine mit ⅛ l Zitronensaft im Wasserbad auflösen. Wenn der Saft warm ist und die Kristalle sich aufgelöst haben, zur Seite stellen.
In einer großen Schüssel mit einem Schneebesen oder mit dem Handrühr- oder Elektrogerät das Eigelb mit ⅓ Tasse Zucker schlagen, bis es dick und zitronenfarben ist. Die Zitronenmischung unterheben, schlagen und ins Wasserbad zurückgeben. Bei mittlerer Hitze etwa 8 Minuten weiterschlagen, bis die Mischung so dick ist, daß sie einen Löffel überzieht. Die abgeriebene Schale unterheben, mit Plastikfolie abdecken und abkühlen lassen.
Das Eiweiß mit dem Handrührgerät steif schlagen. Den ½ TL Zitronensaft hineinrühren und allmählich die Rührgeschwindigkeit beschleunigen. Behutsam den restlichen Zucker einstreuen und weiterschlagen, bis die Baisermasse glänzende, feste Spitzen bildet. Einen großen Löffel Eiweiß unter die abgekühlte Zitronenmischung rühren.

Die Sahne schlagen. Die restliche Baisermasse mit einem Gummispatel unter die Zitronenmischung heben, anschließend die Schlagsahne unterheben. Nicht zu viel rühren, die Mischung sollte weiß-marmoriert aussehen. Die Mischung in eine Auflaufform/Souffléform von 1 ½ Liter Fassungsvermögen geben und 2 Stunden in den Tiefkühler setzen.
Unterdessen die Sauce zubereiten: Die Heidelbeeren, den Zucker und die Zitronenscheiben in einen Edelstahltopf geben. Bei mittlerer Hitze etwa 5 Minuten kochen, bis die Beeren ihren Saft abgeben, aber ihre Form behalten. Die Zitronenscheiben herausnehmen und die Sauce mit dem Soufflé heiß oder lauwarm servieren. Das Soufflé kann tiefgefroren serviert oder ½ Stunde vorher in den Kühlschrank gestellt werden, damit es etwas antaut.

Für 4 bis 5 Personen

Zitronen-Eiscreme

Dieses cremige Eis ist ein delikater Abschluß vor allem für schwere Mahlzeiten.
Zusammen mit Früchten oder Fruchtsauce wird es zum üppig-luxuriösen Dessert.

3 Zitronen
125 g Zucker
¼ l Schlagsahne
5 Eigelb
3 Becher Crème double

Eine Zitrone dünn schälen. Die Zitronenschale, Zucker und die Schlagsahne in einen Edelstahltopf bei mittlerer Hitze geben. Mit einem Holzlöffel umrühren, bis der Zucker sich aufgelöst hat. Die Mischung kurz aufkochen. Von der Kochstelle nehmen und 15 Minuten abkühlen lassen.

In einer mittelgroßen Schüssel das Eigelb schlagen, bis es dick und zitronenfarben ist. Unter ständigem Schlagen die Sahnemischung dazugeben und unter ständigem Rühren bei mittlerer Hitze kochen, bis die Mischung einen Löffel leicht überzieht. Durch ein feines Sieb in eine große Schüssel streichen.

Die Schale der 2 restlichen Zitronen abreiben und an die Mischung geben. Die eiskalte Crème double unterrühren und abkühlen lassen.

Zitronen auspressen und ½ Tasse Zitronensaft in die kühle Mischung durchseihen und den restlichen Saft für einen anderen Zweck aufheben. Im Kühlschrank kühl stellen. Wenn die Mischung abgekühlt ist, in einem Eiscremebereiter nach Anweisung fest werden lassen.

Ergibt etwa 1 Liter

Granità di Limone

Ein ganz leichtes und erfrischendes Eis, wie es die Italiener nach einer Mahlzeit oder zur Erfrischung zwischendurch lieben.

200 g Zucker
3/4 l Wasser
1/4 l Zitronensaft
2 Stengel Minze

Zucker und Wasser in einem Edelstahltopf zum Kochen bringen. Umrühren, bis der Zucker sich aufgelöst hat. Hitze reduzieren und 5 Minuten sieden lassen.
Von der Kochstelle nehmen und den Zitronensaft dazugießen. Die Minze leicht zerdrücken und an die Mischung geben. Abkühlen lassen. In 2 flache Eisschalen gießen, ½ Stunde in das Gefrierfach des Kühlschranks stellen und mit einer Gabel umrühren, um die Eiskristalle, die sich an den Rändern der Eisschale bilden, zu verteilen. 2 weitere Stunden in das Gefrierfach stellen, dabei alle halbe Stunde umrühren.
Wenn die Granità gleichmäßig gefroren ist, zerstößt man sie, dadurch erhält sie die Konsistenz von feuchtem Schnee. In 6 eisgekühlte Gläser füllen und sofort servieren.

Für 6 Personen

GETRÄNKE

Ein Barkeeper könnte niemals ohne Zitronen auskommen – sie sind Bestandteil unendlich vieler klassischer Drinks und neuer Schöpfungen. Manchmal ist es nur das aromatische Öl der Zitronenschale, das mit einer kleinen Handbewegung in das Getränk gespritzt wird, manchmal ist es der frisch gepreßte Saft.
Aber auch die erfrischenden sommerlichen Limonaden werden immer wieder gern bereitet, auch wenn die künstlichen Erfrischungsgetränke ihnen im Augenblick den Rang abgelaufen zu haben scheinen.
Und als Kenner erweist man sich im Sommer in jeder französischen Bar, wenn man einen Citron pressé, eine frisch gepreßte Zitrone mit Wasser und einer Spur Zucker, bestellt.

Graupenwasser

Ein sehr kurioses Getränk aus der Zeit unserer Großmütter, die es als Digestif tranken. Man sagt ihm auch harntreibende Wirkung nach.

½ Tasse Graupen, gewaschen und abgetropft
⅛ TL Salz
Schale von 1 Zitrone
Saft von 1 Zitrone
Zuckersirup nach Geschmack (Bray's Limonade, Rezept siehe Seite 91)

Graupen mehrmals in kaltem Wasser waschen und abtropfen lassen. Mit 2 ½ l frischem Wasser, Salz und Zitronenschale in einen Edelstahltopf geben. Zum Kochen bringen, Flamme herunterschalten und unter gelegentlichem Rühren die Mischung um die Hälfte reduzieren. Durch ein Sieb in eine Schüssel gießen, die Graupen wegwerfen. Zitronensaft und Zuckersirup nach Geschmack hinzufügen. Mischung in eine sterilisierte Flasche füllen. Fest verschließen und im Kühlschrank aufbewahren.

Ergibt 4 Portionen

Horse's Neck I

Dieser einst sehr populäre Drink hat seinen Namen von der Zitronenschale, die, über den Glasrand gelegt, spiralförmig in das Getränk hängt und dabei wohl an die Mähne eines Pferdes erinnert.

Schale von 1 Zitrone, in einem Stück spiralförmig abgeschält
5 cl Ginger Ale
2 oder 3 Tropfen Angostura Bitter

Die Zitronenschale in einer Spirale dünn abschälen. Eiswürfel in ein hohes Becherglas geben. Die Schale im Becherglas zwischen den Eiswürfeln spiralförmig anordnen; ein Ende dekorativ über den Rand hängen lassen. 2 Spritzer Angostura dazugeben, mit Ginger Ale auffüllen. Umrühren.

Ergibt 1 Drink

Horse's Neck II

Schale von 1 Zitrone, in einem Stück spiralförmig abgeschält
2 cl Cognac
10 cl Sodawasser

Eiswürfel in ein hohes Becherglas geben. Cognac hinzufügen, mit Sodawasser auffüllen. Die Zitronenschale über den Rand des Glases legen und spiralförmig in das Getränk hängen lassen.

Ergibt 1 Drink

Zitronengrog

Ein großartiges Getränk, wenn es draußen ungemütlich ist – es macht gute Laune, wärmt auf und hilft bei Erkältungen.

1 TL Zucker
Saft von 1/2 Zitrone
2 cl brauner Rum oder Whiskey

Zucker in einen vorgewärmten Becher geben. Zitronensaft und Rum dazugeben und mit 150 ml kochendheißem Wasser auffüllen.

Ergibt 1 Drink

Zitronenlimonade de luxe

1 cl Wodka
1/8 l Limonade

Wodka über Eis und die Limonade gießen. Umrühren und servieren.

Ergibt 1 Drink

Lemon Shandy I

Ein herkömmliches erfrischendes Sommergetränk, das von den Seeleuten in ganz England geschätzt und in jeder Taverne getrunken wurde.

Saft von 1/4 Zitrone
4 cl Sodawasser
12 cl eisgekühltes Ale oder Lager

Zitronensaft und Sodawasser in einen eisgekühlten Bierkrug oder ein Pilsglas geben. Behutsam mit Ale auffüllen und servieren.

Ergibt 1 Drink

Lemon Shandy II

2 cl Zitronenlimonade
12 cl eisgekühltes Bier

Limonade in einen eisgekühlten Bierkrug oder ein Pilsglas gießen. Behutsam mit Bier auffüllen und servieren.

Ergibt 1 Drink

Limoncello

Hierbei handelt es sich um einen dicken, sirupartigen Likör, der sich entlang der Amalfiküste und auf Capri besonderer Beliebtheit erfreut.

1 l Wodka
dünn abgeschälte Schale von 6 Zitronen
1 Stiel Zitronenverbene
½ l Wasser
125 g Zucker

Wodka, Zitronenschale und Verbene in ein dunkles Glas oder einen Keramikbehälter geben. Lose verschließen und an einem kühlen Ort oder im Kühlschrank 7 Tage stehen lassen. Kaltes Wasser mit dem Zucker bei mittlerer Hitze aufsetzen. Zum Kochen bringen, bis der Zucker sich aufgelöst hat, und 5 Minuten weiter kochen lassen. Abkühlen lassen.
Wodka durch ein feines Sieb in einen sauberen Behälter gießen. Wenn der Sirup erkaltet ist, zu dem Wodka geben. Zudecken und kühl stellen. Eine weitere Woche an einem kühlen Ort lagern und in sterilisierte Flaschen füllen. Flaschen gut verschließen und in den Kühlschrank stellen. Den Likör mindestens 6 Stunden vor dem Servieren kalt stellen. *Ergibt etwa 1 Liter*

Hübscher Serviervorschlag: *Geeister Limoncello in einem mit gelben Rosen garniertem Eisblock. Schneiden Sie einen 1-Liter-Milch- oder Saftkarton oben ab, und spülen Sie ihn gründlich aus. Setzen Sie die mit Limoncello gefüllte Wodkaflasche in die Mitte. Ordnen Sie rund um die Flasche aufrecht stehend langstielige gelbe Rosen herum. Füllen Sie destilliertes Wasser bis zum unteren Flaschenhals auf. Stellen Sie den Karton aufrecht in den Tiefkühler, er muß gerade stehen, sonst wird der Eisblock krumm. Er braucht mindestens 24 Stunden, um gleichmäßig zu gefrieren. Block aus der Tiefkühltruhe nehmen und die Verpackung abreißen. Auf ein Tablett mit hohem Rand stellen. Eine andere Version ist, den Eisblock mit Zitronenscheiben zuzubereiten.*

Nikolaschka

Man könnte meinen, dies sei die russische Antwort auf das Tequila-Ritual. Aber die Nikolaschka wird in russischen Hafenstädten schon seit über einem Jahrhundert getrunken. Eine Zitronenscheibe wird mit Zucker und Kaffeepulver bestäubt, gekaut und schließlich mit je einem Gläschen eiskaltem Wodka geschluckt.

1 Zitrone, in hauchdünne Scheiben geschnitten
Extrafeiner Zucker
Instant-Espressopulver (Traditionell: fein gemahlener Kaffee)
Geeister Wodka

Zitronenscheibe mit Zucker und Espressopulver bestreuen. Kauen und schluckweise eiskalten Wodka dazu trinken.

Ergibt 1 Drink

Bray's Limonade

Ein Getränk aus Texas, für die wirklich sehr heißen texanischen Sommertage erfunden.

400 g Zucker
3/4 l Zitronensaft, etwa 12 große Zitronen, durchgeseiht
3/4 l Sodawasser
Minzezweiglein zum Garnieren

Den einfachen Sirup zubereiten: Zucker in 1 l kaltem Wasser aufsetzen und bei großer Hitze zum Kochen bringen. Mit einem Holzlöffel umrühren, bis der Zucker sich aufgelöst hat. 5 Minuten kochen lassen, dann von der Kochstelle nehmen. Abkühlen lassen und in einem verschlossenen Gefäß in den Kühlschrank stellen. Dieser einfache Sirup hält sich 3 bis 4 Wochen im Kühlschrank.
3/8 l Zitronensaft, 1/4 l Sirup und 3/4 l kaltes Wasser in einen Krug geben. Umrühren, in die Fächer eines Eiswürfelbereiters füllen und einfrieren. Zum Servieren den restlichen Zitronensaft und Sirup mit 3/4 l Sodawasser oder Eiswasser mischen. Über die Limonadeneiswürfel gießen. Mit einem Minzezweig garnieren und mit einem Strohhalm servieren.

Ergibt 6 Portionen

REGISTER

DANKSAGUNGEN

Ich möchte allen Freunden und Kollegen danken, die mir bei diesem Buch halfen und mich immer wieder anspornten. Besonders Linda Donahue, Cheryl Mercer, Maryanne Page, Bob Bray, Dina Nargil, Herrn und Frau Theodore Donahue, Gary Farmer, Alex Galindo, Jon Gilman, Gary Regan aus der Spotty Dog Bar und dem Market Diner in New York City, Rico Puhlmann und Tom Dillow für den 11-Zitronen-Saft.

Ebenfalls möchte ich den wunderbaren Menschen bei Collins, San Francisco, danken und besonders Lena Tabori, dafür, daß sie mein Buch in diese Reihe aufgenommen hat; Meesha Halm für ihr schnelles und exaktes Lektorat, Jenny Barry für ihren ästhetischen Blick beim Gestalten dieses Buches, Kathryn Kleinman für die Fotos und Stephanie Greenleigh für das Food Styling. Danke, Ihnen allen.

Christopher Idone

Für die Fotos:
Collins und das Fotografenteam möchten ebenfalls dem Fotoassistenten Michele Miller danken, Michaele Thunen, dem Blumen-Stylisten und Requisiten-Spezialisten; Pat Brill, Food-Styling-Assistent; Sara Slavin, Requisite; Ellen Georgiou; Koulis und Sophie Pontikis; und Ken und Ivette Piosson von *Les Poisson Antiques* in San Francisco. Spezieller Dank an: *Tail of the Yak* für den italienischen Kuchenstand in Berkeley, Californien; Jerri Goldberg für den Zitronen-Druck, Lyons Ltd., San Francisco, Californien; Bill Fujimoto vom *Monterey Market* in Berkeley, Californien; Ana Le Blanc; Betty Jane Roth und Judy Thompson Kennedy.